読みがなを書こう

1 みんな大すきラーメン

① 九州は、とんこつラーメンだ。（　　）

② 屋台でかえ玉を追加する。　㋐（　　）　㋑（　　）

③ ラーメン対決、しお、しょう油《ゆ》？（　　）

④ 屋外でラーメンフェス大人気。（　　）

⑤ ラーメン文化《ぶんか》についての対談。（　　）

⑥ 理想《りそう》のスープを追いもとめる。（　　）

⑦ まよって注文《ちゅうもん》を決められない。（　　）

⑧ 本州では、しょう油が人気。（　　）

漢字を書こう

1 みんな大すきラーメン

① きゅうしゅうは、とんこつラーメンだ。

② やたいでかえ玉をついかする。（あ：やたい　い：ついか）

あ

い

③ ラーメンたいけつ、しお、しょう油《ゆ》？

④ おくがいでラーメンフェス大人気。

⑤ ラーメン文化《ぶんか》についてのたいだん。

⑥ 理想《りそう》のスープをおいもとめる。

⑦ まよって注文《ちゅうもん》をきめられない。

⑧ ほんしゅうでは、しょう油が人気。

ミニ字てん

1 みんな大すきラーメン

州

音 シュウ

訓 ―

プラス！

九州は今は七県だけど、昔《むかし》は九つの国でできていたよ。

決

音 ケツ

訓 き**める**　き**まる**

プラス！

決意《けつい》、決行、決勝《けっしょう》、決心、決定《けってい》、決まり

屋

音 オク

訓 や

プラス！

野外は「やがい」

屋外は「おくがい」

決

「大水のとき、川のていぼうのどこをこわすとひがいが少なくなるかを決める」ことから、水にかかわるので、さんずい（氵）が部首《ぶしゅ》だよ。

追

音 ツイ

訓 お**う**

プラス！

♪ふるさとは「うさぎ追いし」で、「うさぎおいしい」は×

対

音 タイ

訓 ―

プラス！

対空、対決、対人、対流《たいりゅう》、対話、反対《はんたい》

読みがなを書こう

2 ご当地の名産品

① 香川県《かがわけん》で手打ちうどんを食べる。

（　　）

② 小豆島《しょうどしま》のオリーブの木で頭を強打。

（　　）

③ 本島ⓐで島ⓘラッキョウを買う。

ⓐ（　　）　ⓘ（　　）

④ 港ⓐで寒ⓘブリを買う。

ⓐ（　　）　ⓘ（　　）

⑤ 寒ⓐい根室《ねむろ》港ⓘで温《あたた》かい食事《しょくじ》をとる。

ⓐ（　　）　ⓘ（　　）

⑥ 食べ歩きガイドを拾い読み。

（　　）

⑦ 丹波《たんば》で拾ったやきぐりをもらう。

（　　）

⑧ 伊豆《いず》半島のキンメダイ。

（　　）

2 ご当地の名産品

①香川県《かがわけん》でてうちうどんを食べる。

②小豆《しょうど》島《しま》のオリーブの木で頭をきょうだ。

③ほんとう（あ）でしま（い）ラッキョウを買う。

あ　い

④みなと（あ）でかん（い）ブリを買う。

あ　い

⑤さむい（あ）根室《ねむろ》こう（い）で温《あたた》かい食事《しょくじ》をとる。

あ　い

⑥食べ歩きガイドをひろい読み。

⑦丹波《たんば》でひろったやきぐりをもらう。

⑧伊豆《いず》はんとうのキンメダイ。

ミニ字てん

2 ご当地の名産品

拾

音 ―

訓 ひろ**う**

プラス！

扌＋合＝ひろう
扌＋舎＝すてる

港

音 コウ

訓 みなと

プラス！

開港《かいこう》、空港、出港、
入港、港町

寒

音 カン

訓 さむ**い**

プラス！

宀の下、横画《よこかく》３本、
点の向《む》きに注意《ちゅうい》。

島のもとの字は、「嶌」。わたり鳥が、海上の小さい山の「しま」にいるという意味。

島

音 トウ

訓 しま

プラス！

列島、島国、
小島、広島県《ひろしまけん》

打

音 ダ

訓 う**つ**

プラス！

扌＋丁＝うつ
丁は、くぎの意味。

読みがなを書こう

3 大地のめぐみ野菜

① 農場おすすめのトマト。

② おいしいゆで落花生。

③ 根こんぶだしは、おいしい。

④ ほっぺたが落ちるほどうまい。

⑤ 玉ねぎは球根だ。

⑥ サッカーの球ほどのすいか。

⑦ 歯ごたえのあるごぼう。

⑧ ごぼうを食べたらにゅう歯がとれた。

漢字を書こう

3 大地のめぐみ野菜

① のうじょうおすすめのトマト。

② おいしいゆでらっかせい。

③ ねこんぶだしは、おいしい。

④ ほっぺたがおちるほどうまい。

⑤ 玉ねぎはきゅうこんだ。

⑥ サッカーのたまほどのすいか。

⑦ はごたえのあるごぼう。

⑧ ごぼうを食べたらにゅうしがとれた。

ミニ字てん

3 大地のめぐみ野菜

歯

訓 は

音 シ

プラス！

犬歯、歯科、歯形、入れ歯、歯切れ、歯車

根

訓 ね

音 コン

プラス！

根気、根元、根本、根なし草、根深い

球

訓 たま

音 キュウ

プラス！

⺩＋求＝たま

気球、球場、地球、電球、白血球《はっけっきゅう》

落

訓 おちる おとす

音 ラク

プラス！

部首は艹。

洛はおりてくること。

農

訓 ―

音 ノウ

プラス！

「表」「衣」とちがい、左はらいなし。

木＋艮＝根

艮には、後ろを見る意味《いみ》があるよ。木が上に向《む》かってのびるのと反対《はんたい》に、下に向かってのびることから「根」を表《あらわ》すんだって。

読みがなを書こう

4 おいしいフルーツ

①山形県は、さくらんぼ日本一。

②宮崎《ざき》県は、マンゴーで有名。

③マスクメロンを温室でさいばい。

④高級フルーツのかごもり。

⑤有り金をはたいてメロンをおくる。

⑥ブドウを宮中にさし上げる。

⑦リンゴは朝食に温めて食べたい。

⑧進級いわいにイチゴをもらう。

4 おいしいフルーツ

① 山形けんは、さくらんぼ日本一。

② みやざ崎《ざき》けんは、マンゴーでゆうめい。
あ
い
う

③ マスクメロンをおんしつでさいばい。

④ こうきゅうフルーツのかごもり。

⑤ あり金をはたいてメロンをおくる。

⑥ ブドウをきゅうちゅうにさし上げる。

⑦ リンゴは朝食にあたためて食べたい。

⑧ しんきゅういわいにイチゴをもらう。

ミニ字てん

4 おいしいフルーツ

級

音 キュウ

訓 ―

プラス！

階級《かいきゅう》、学級、級友、上級、等級《とうきゅう》、同級生

宮

音 キュウ

訓 みや

プラス！

王宮、宮中、神宮、お宮、宮参り、宮様

温

音 オン

訓 あたた**かい** あたた**まる**

プラス！

氵＋日＋皿＝温
温水、気温、水温

温

「心が温《あたた》まる」「温かい家庭《かてい》」のように、温度《おんど》ではかれないものにも使《つか》うね。

有

音 ユウ

訓 **ある**

プラス！

右と同じで、左はらいが一画目。

県

音 ケン

訓 ―

プラス！

岩手県、県知事《けんちじ》、県外、県道、県立

読みがなを書こう

5 大人がすきなもの

① 豆(あ)からひいたコーヒーを飲(い)む。

あ（　　　）　い（　　　）

② 豆(あ)にゅうから湯葉(い)を作る。

あ（　　　）　い（　　　）

③ ふきのとうはほろ苦い。

（　　　）

④ 苦心して天ぷらにする。

（　　　）

⑤ 湯じで体をいやす。

（　　　）

⑥ スプラウトは子葉とくきを食べる。

（　　　）

⑦ ミネラルほうふな飲料水。

（　　　）

⑧ 苦しい思い出の味《あじ》もなつかしい。

（　　　）

漢字を書こう

5 大人がすきなもの

① まめ（あ）からひいたコーヒーをのむ（い）。

（あ）［　　］　（い）［　　］

② とう（あ）にゅうからゆば（い）を作る。

（あ）［　　］　（い）［　　］

③ ふきのとうはほろにがい。

［　　］

④ くしんして天ぷらにする。

［　　］

⑤ とうじで体をいやす。

［　　］

⑥ スプラウトはしょうとくきを食べる。

［　　］

⑦ ミネラルほうふないんりょうすい。

［　　］

⑧ くるしい思い出の味《あじ》もなつかしい。

［　　］

ミニ字てん

5 大人がすきなもの

豆

音 トウ　ズ*

訓 まめ

プラス！

大豆（だいず）
小豆（あずき）
えだ豆が育つと大豆

苦

音 ク

訓 にがい　くる**しい**

プラス！

艹＋古＝苦
苦楽、四苦八苦、苦手

飲

音 イン

訓 の**む**

プラス！

食は、飠になると八画になる。

「湯桶《ゆトウ》読み」とは、「訓《くん》読み＋音読み」の読み方のことだよ。場所《ばショ》、見本《みホン》、雨具《あまグ》などがあるよ。

葉

音 ヨウ

訓 は

プラス！

艹＋世＋木＝葉
「タラヨウ」の葉には字が書けるよ。

湯

音 トウ

訓 ゆ

プラス！

氵＋昜＝湯
土＋昜＝場
阝＋昜＝陽

読みがなを書こう

6 おいしいスイーツ

① カステラを等分する。

② 等しくなかったのでけんかした。

③ いちご大福をほおばる。

④ 羊ⓐかんと練ⓘりごまプリン。

ⓐ（　　）　ⓘ（　　）

⑤ かき氷ⓐに練ⓘにゅうをかけた。

ⓐ（　　）　ⓘ（　　）

⑥ 氷点下で食べるホットパイ。

⑦ 羊の形のクッキーを作る。

⑧ 福引きでパフェが当たった。

漢字を書こう

6 おいしいスイーツ

① カステラをとうぶんする。

② ひとしくなかったのでけんかした。

③ いちごだいふくをほおばる。

④ (あ)ようかんと(い)ねりごまプリン。

⑤ かき(あ)ごおりに(い)れんにゅうをかけた。

⑥ ひょうてんかで食べるホットパイ。

⑦ ひつじの形のクッキーを作る。

⑧ ふく引きでパフェが当たった。

ミニ字てん

6 おいしいスイーツ

福

音 フク

訓 —

プラス！

幸福《こうふく》、七福神《しちふくじん》、福神づけ、福島県《ふくしまけん》

氷

音 ヒョウ

訓 こおり

プラス！

流氷《りゅうひょう》、氷山、かき氷

「こうり」はまちがい。

等

音 トウ

訓 ひと**しい**

プラス！

等号「＝」

ふ等号「2＜3」

犬、馬、牛、魚、鳥、貝。生き物《もの》を表《あらわ》す字は、ものの形を写《うつ》し取《と》った象形《しょうけい》文字が多い。虫はへびの形からできた字だよ。

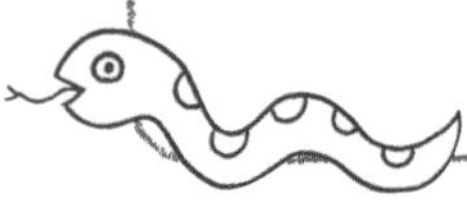

練

音 レン

訓 ね**る**

プラス！

糸＋東＝練

手練、習練、練習、練炭《れんたん》、練り歩く

羊

音 ヨウ

訓 ひつじ

プラス！

前から見た二本角のひつじの頭の形。

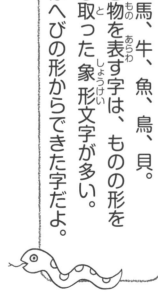

読みがなを書こう

7 大人気のお店

① あんの定《あ》、安《い》い店が人気。
あ（　　）
い（　　）

② グルメな部長がすすめる店。
（　　）

③ おすすめは、日がわり定食。
（　　）

④ 元気な洋食屋《あ》の店員《い》。
あ（　　）
い（　　）

⑤ 安心な食ざいを使《つか》う。
（　　）

⑥ すもう部屋と同じ味《あじ》のちゃんこ。
（　　）

⑦ 太平洋のマグロとネギのなべ。
（　　）

⑧ 調理《ちょうり》マニュアルを定める。
（　　）

漢字を書こう

7 大人気のお店

① あんのじょう、やすい店が人気。
㋐〔　〕 ㋑〔　〕

② グルメなぶちょうがすすめる店。
〔　〕

③ おすすめは、日がわりていしょく。
〔　〕

④ 元気なようしょく屋《や》のてんいん。
㋐〔　〕 ㋑〔　〕

⑤ あんしんな食ざいを使《つか》う。
〔　〕

⑥ すもうべやと同じ味《あじ》のちゃんこ。
〔　〕

⑦ たいへいようのマグロとネギのなべ。
〔　〕

⑧ 調理《ちょうり》マニュアルをさだめる。
〔　〕

ミニ字てん

7 大人気のお店

定

音 テイ ジョウ

訓 さだ**める** さだ**まる**

プラス！

安定、決定《けってい》、定石、定員《ていいん》、定休日、予定

員

音 イン

訓 ―

プラス！

委員会《いいんかい》、会員、教員、社員、人員、全員

安

音 アン

訓 やす**い**

プラス！

安住《あんじゅう》、安全《あんぜん》、大安、安心、目安、安らか

うかんむり（宀）は屋根《やね》の形を表《あらわ》しているよ。

洋

音 ヨウ

訓 ―

プラス！

海洋、西洋、洋行、洋食、洋風、洋服

部

音 ブ

訓 ―

プラス！

細部、全部、内部、部首、部分、本部

おまけ

漢字の書きじゅん　九つの原そく

① 上↓下

三、工、言

② 左↓右

川、休、心

③ 横↓たて

十、七、土

※左上が角なら、たて↓横

四、月、口

④ 左はらいから

人、入、九

⑤ かまえは周り↓中身↓ふた

国、回、問、内

⑥ 中↓左↓右

小、水、金、赤

⑦ 交わる三本より多い横は横横で終わる

王、田、日、青、集

⑧ くしざしで終わり

中、女、毎、半

⑨ にょうは後から

道、運

これらの原そくにあてはまらない漢字《かんじ》もあるので、気をつけよう。

読みがなを書こう

8 東京ご当地

① 昔は日本橋に魚市場があった。

あ（　　）　い（　　）

② 両国でちゃんこなべを食べる。

（　　）

③ おすもうさんの体を助ける食事《しょくじ》。

（　　）

④ 歌舞伎座《かぶきざ》で助六ずしを食べた。

（　　）

⑤ 会社の助役が深川めしを注文《ちゅうもん》。

あ（　　）　い（　　）

⑥ 水道橋の歩道橋近くの店。

あ（　　）　い（　　）

⑦ 深夜まで開いているラーメン店。

（　　）

⑧ 味《あじ》とコストを両立させる。

（　　）

8 東京ご当地

① むかしは日本ばしに魚市場があった。

② りょうごくでちゃんこなべを食べる。

③ おすもうさんの体をたすける食事《しょくじ》。

④ 歌舞伎座《かぶきざ》ですけろくずしを食べた。

⑤ 会社のじょやくがふかがわめしを注文《ちゅうもん》。

⑥ 水道ばしのほどうきょう近くの店。

⑦ しんやまで開いているラーメン店。

⑧ 味《あじ》とコストをりょうりつさせる。

ミニ字てん

8 東京ご当地

深

音 シン

訓 ふかい ふかまる

プラス！
意味深長《いみしんちょう》、深海、深山、水深

助

音 ジョ

訓 たすける

プラス！
部首《ぶしゅ》もつくりも力（ちから）だよ。「動」も同じ。

橋

音 キョウ

訓 はし

プラス！
鉄橋《てっきょう》、歩道橋、一本橋、丸木橋

「両」のように音読みだけの三年の漢字《かんじ》は医、意、員、院、駅、央、界、階、感、漢…色々あるね。「駅、服、感」は、実《じつ》は音読みだよ。

両

音 リョウ

訓 —

プラス！
車両、千両箱《せんりょうばこ》、両足、両親、両手、両人

昔

音 —

訓 むかし

プラス！
大昔、昔かたぎ、昔話、昔風、昔なじみ

読みがなを書こう

9 うれしいごちそう

① 幸運㋐にも箱根㋑旅行《りょこう》が当たった。

㋐（　　）　㋑（　　）

② ぜん息にきく温《おん》せんに行く。

（　　）

③ ごうかな船もりで幸せな気分。

（　　）

④ ため息㋐が出るほどの美食㋑。

㋐（　　）　㋑（　　）

⑤ 重箱㋐がずっしりと重㋑い。

㋐（　　）　㋑（　　）

⑥ 美しいもりつけにうっとり。

（　　）

⑦ 何日もごちそうが重なる。

（　　）

⑧ どれもたいへん美味だった。

（　　）

漢字を書こう

9 うれしいごちそう

① こううん(あ)にもはこね(い)旅行《りょこう》が当たった。

あ［　　］　い［　　］

② ぜんそくにきく温《おん》せんに行く。

［　　］

③ ごうかな船もりでしあわせな気分。

［　　］

④ ためいき(あ)が出るほどのびしょく(い)。

あ［　　］　い［　　］

⑤ じゅうばこ(あ)がずっしりとおもい(い)。

あ［　　］　い［　　］

⑥ うつくしいもりつけにうっとり。

［　　］

⑦ 何日もごちそうがかさなる。

［　　］

⑧ どれもたいへんびみだった。

［　　］

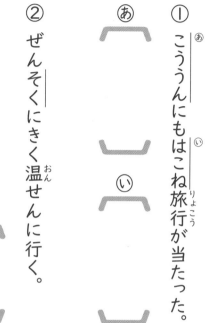

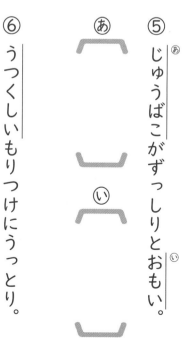

ミニ字てん

9 うれしいごちそう

息

音 ソク

訓 いき

プラス！

自＋心＝息

休息、消息《しょうそく》、生息

重

音 ジュウ　チョウ

訓 おも**い**　かさ**なる**

プラス！

重心、重大、体重、

重り、重《かさ》ね着《ぎ》

幸

音 コウ

訓 さいわ**い**　しあわ**せ**

プラス！

行幸、幸運《こううん》、

幸福《こうふく》、幸いにも

美

音 ビ

訓 うつく**しい**

プラス！

羊＋大=美

美《び》化《か》、美人、

美声、美《び》味《み》

箱

音 —

訓 はこ

プラス！

⺮＋木＋目＝箱

箱庭、筆箱、本箱

「重《ジュウ》箱《ばこ》読み」とは、「音読み＋訓《くん》読み」の読み方のことだよ。重箱のほかには、台《ダイ》所《どころ》、団《ダン》子《ご》、本《ホン》屋《や》などがあるよ。

読みがなを書こう

10 キッチン用品いろいろ

① フライ返（あ）しでステーキを返（い）す。

あ（　　）　い（　　）

② 返礼品のティーセット。

（　　）

③ 銀のスプーンとフォークが人気。

（　　）

④ まな板（あ）が反（い）って使《つか》えない。

あ（　　）　い（　　）

⑤ 八百リットルの大きなれいぞう庫。

（　　）

⑥ ねだんが高くて反対された。

（　　）

⑦ 黒板に本日のメニューを書く。

（　　）

⑧ おすすめは新米、銀シャリだ。

（　　）

漢字を書こう

10 キッチン用品いろいろ

① フライがえし(あ)でステーキをかえす(い)。

あ　い

② へんれいひんのティーセット。

③ ぎんのスプーンとフォークが人気。

④ まないた(あ)がそって(い)使《つか》えない。

あ　い

⑤ 八百リットルの大きなれいぞうこ。

⑥ ねだんが高くてはんたいされた。

⑦ こくばんに本日のメニューを書く。

⑧ おすすめは新米、ぎんシャリだ。

ミニ字てん

10 キッチン用品いろいろ

反

音 ハン

訓 そる　そらす

プラス！

反感、反対《はんたい》、反転《はんてん》、反動《はんどう》、反発《はんぱつ》、反面《はんめん》

庫

音 コ

訓 —

プラス！

广＋車＝庫

車庫、書庫、文庫

銀

音 ギン

訓 —

プラス！

金＋艮＝銀

銀行、銀世《せ》界《かい》、水銀

「反」のつく漢字《かんじ》には、「板、飯、坂」などがあるよ。反は、がけ（厂）と手（又）の形を表《あらわ》しているんだって。

返

音 ヘン

訓 かえす　かえる

プラス！

辶＋反＝返

返答、返事《へんじ》、仕返《しかえ》し

板

音 ハン　バン

訓 いた

プラス！

木＋反＝板

黒板、鉄板《てっぱん》、羽子板、板前

11 読みがなを書こう

キッチンのリフォーム

① キッチンは住たくで大切な場所《ばしょ》。

（　　　）

② 住んでいる家のキッチンがせまい。

（　　　）

③ 一階に対面キッチンがほしい。

あ（　　　）　い（　　　）

④ 新しいキッチンの仕様を知りたい。

（　　　）

⑤ 表面がエンボス加工《かこう》のシンク。

（　　　）

⑥ 上流《じょうりゅう》階級のテーブルクロス。

（　　　）

⑦ 外国のおしろに住みこみで、王様に仕えていたコックがデザイン。

あ（　　　）　い（　　　）　う（　　　）

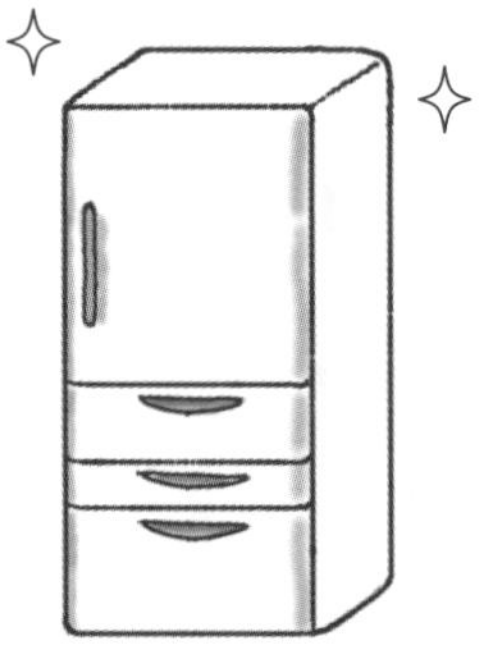

11 キッチンのリフォーム

① キッチンはじゅうたくで大切な場所《ばしょ》。

② すんでいる家のキッチンがせまい。

③ (あ)一かいに(い)たいめんキッチンがほしい。

(あ)

(い)

④ 新しいキッチンのしようを知りたい。

⑤ ひょうめんがエンボス加工《かこう》のシンク。

⑥ 上流《じょうりゅう》かいきゅうのテーブルクロス。

⑦ 外国のおしろに(あ)すみこみで、(い)おうさまに(う)つかえていたコックがデザイン。

(あ)

(い)

(う)

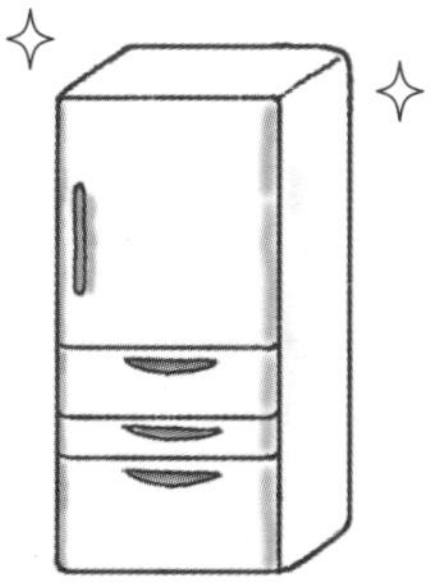

ミニ字てん

11 キッチンのリフォーム

住

音 ジュウ

訓 すむ すまう

プラス！

亻＋主＝住　すむ
木＋主＝柱　はしら

仕

音 シ

訓 つかえる

プラス！

仕える…目上の人のそばで、その人のためにはたらくこと。

階

音 カイ

訓 ―

プラス！

比の左右のちがいに注意《ちゅうい》。

三年生で学習《がくしゅう》するにんべん（亻）の漢字《かんじ》は「係、仕、使、住、他、代、倍」だよ。
小学校で習《なら》う漢字の部首《ぶしゅ》は、にんべんが一番多いよ。

様

音 ヨウ

訓 さま

プラス！

さいごの四つの点は水ではない。

面

音 メン

訓 ―

プラス！

画面、場面、表面《ひょうめん》、方面、面会、面目

12 読みがなを書こう

楽しいフードフェス

① 早起きしてバスに乗る。

あ（　　）　い（　　）

② ランチクルーズに乗船する。

（　　）

③ 安全《あんぜん》をいのって、海の神《かみ》を祭る。

（　　）

④ 関取が肉祭りに出かける。

あ（　　）　い（　　）

⑤ 話題のフードフェスを取ざい。

あ（　　）　い（　　）

⑥ パンの起げんを調《しら》べる。

（　　）

⑦ 文化祭でたこやき屋《や》を出店する。

（　　）

⑧ 問題の取り引きはうまくいった。

あ（　　）　い（　　）

漢字を書こう

12 楽しいフードフェス

① はやおきしてバスにのる。

あ　い

② ランチクルーズにじょうせんする。

③ 安全《あんぜん》をいのって、海の神《かみ》をまつる。

④ せきとりが肉まつりに出かける。

あ　い

⑤ わだいのフードフェスをしゅざい。

あ　い

⑥ パンのきげんを調《しら》べる。

⑦ ぶんかさいでたこやき屋《や》を出店する。

⑧ もんだいのとりひきはうまくいった。

あ　い

ミニ字てん

12 楽しいフードフェス

乗

音 ジョウ

訓 のる のせる

プラス!

乗客《じょうきゃく》、乗車、乗馬、相乗《あいの》り、一番乗り

祭

音 サイ

訓 まつる まつり

プラス!

祭日、前夜祭、文化祭《ぶんかさい》、秋祭り

起

音 キ

訓 おきる おこす おこる

プラス!

起点、起用、起立、早起き、引き起こす

又は手を表《あらわ》す。又を部分《ぶぶん》にもつ漢字《かんじ》には、「受、取、祭、度、皮、波、投、役、友」などがあるよ。

題

音 ダイ

訓 —

プラス!

部首はおおがい（頁）。題名、題目、問題《もんだい》

取

音 シュ

訓 とる

プラス!

耳＋又＝取

足を取られる、息を引き取る

読みがなを書こう

13 台所にあるもの

① 曲げわっぱのおべんとう。

② 指先トングは使《つか》いやすい。

③ いろりがにあう南部鉄のなべ。

④ 曲線が美《うつく》しいおわん。

⑤ 父が指定したスパイス。

⑥ 肉をやくための鉄板。

⑦ わたしの大切なレシピ帳。

⑧ 母におすすめレシピを指ししめす。

漢字を書こう

13 台所にあるもの

① まげわっぱのおべんとう。

② ゆびさきトングは使《つか》いやすい。

③ いろりがにあうなんぶてつのなべ。

④ きょくせんが美《うつく》しいおわん。

⑤ 父がしていしたスパイス。

⑥ 肉をやくためのてっぱん。

⑦ わたしの大切なレシピちょう。

⑧ 母におすすめレシピをさししめす。

ミニ字てん

13 台所にあるもの

指

音 シ

訓 ゆび さ**す**

プラス！

三年生のてへん（扌）の字は、「指、拾、持、打、投」。

曲

音 キョク

訓 ま**げる** ま**がる**

プラス！

竹やつるなどをまげて作ったかごの形。

鉄

音 テツ

訓 —

プラス！

金＋失＝鉄
つくりは、矢ではなく失。

帳

音 チョウ

訓 —

プラス！

地図帳、帳《ちょう》消《け》し、通帳、手帳、日記帳

帳 → ぬのの意味
長《チョウ》

「指、帳、鉄」は、つくりが音を表《あらわ》し、へんが意味《いみ》を表している。音を表す部分《ぶぶん》と意味を表す部分を組み合わせてできた、なり立ち方を「形成《けいせい》」というよ。

おまけ

画数めいろでごちそうゲット！

☆めいろをぬけて、ごちそうをもらおう。分かれ道は、画数が多い方に進《すす》んでね。

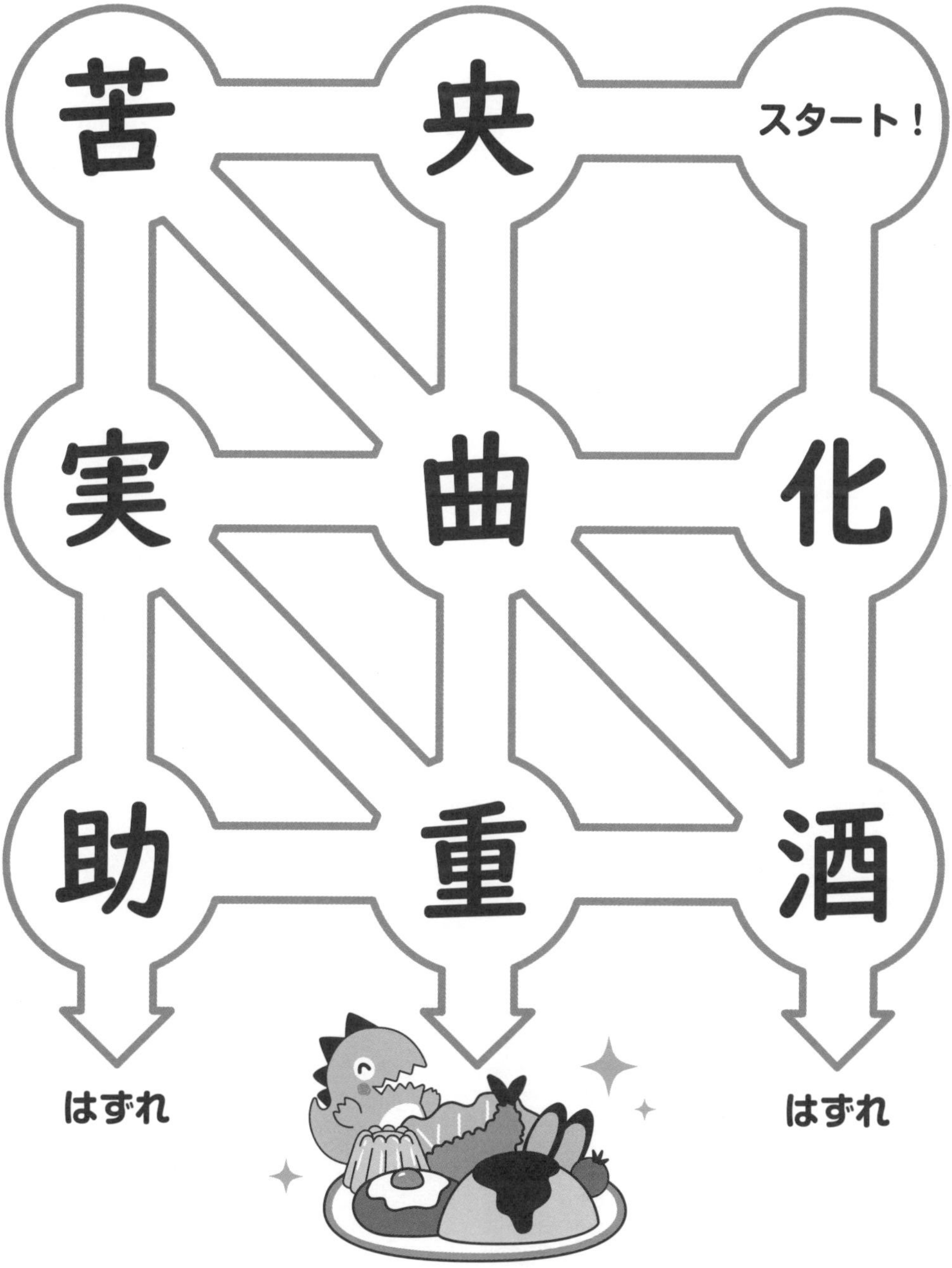

14 おいしい海のさち

① 貝柱㋐のホイルやきを開㋑ける。

㋐（　　）　㋑（　　）

② 血まなこでナマコをさがす。

（　　）

③ アジの開㋐きは、平㋑たい。

㋐（　　）　㋑（　　）

④ 円柱形のえさでようしょく。

（　　）

⑤ 回転《かいてん》ずし店が開店する。

（　　）

⑥ 心血を注《そそ》いだ新メニュー。

（　　）

⑦ 平家でんせつとヘイケガニ。

（　　）

⑧ 平等にもりつける。

（　　）

漢字を書こう

14 おいしい海のさち

① かいばしら（あ）のホイルやきをあける（い）。

あ［　　］ い［　　］

② ちまなこでナマコをさがす。

［　　］

③ アジのひらき（あ）は、ひらたい（い）。

あ［　　］ い［　　］

④ えんちゅうけいのえさでようしょく。

こんな形 

［　　］

⑤ 回転《かいてん》ずし店がかいてんする。

［　　］

⑥ しんけつを注《そそ》いだ新メニュー。

［　　］

⑦ へいけでんせつとヘイケガニ。

［　　］

⑧ びょうどうにもりつける。

［　　］

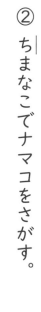

ミニ字てん

14 おいしい海のさち

鼻血（はな**ぢ**）のように「**ぢ**」がつく言葉《ことば》を知ってるかな。身近（みぢか）、一本調子（いっぽんぢょうし）、火事場のばか力（ばかぢから）、ごはん茶わん（ごはんぢゃわん）などがあるよ。

血

音 ケツ
訓 ち

プラス！
ノ＋皿＝血
止血、出血、鼻血《はなぢ》

開

音 カイ
訓 あ**く** ひら**く**

プラス！
開花、開始《かいし》、開発《かいはつ》、開放《かいほう》、公開、打開《だかい》

平

音 ヘイ ビョウ
訓 たい**ら** ひら

プラス！
平手、平等《びょうどう》、平野、平和《へいわ》、平らげる

柱

音 チュウ
訓 はしら

プラス！
木＋主＝柱
亻＋主＝住（すむ）

15 読みがなを書こう

マグロ大好き日本人

① 海の中を泳ぎ回るマグロ。

② 世界の海でとったマグロ。

③ 水泳速度《そくど》は魚の中で三番目。

④ マグロを急速れいとうする。

⑤ 急いで手をあらう。

⑥ すしをにぎるのが速いロボット。

⑦ 世紀の大発明《はつめい》、マグロようしょく。

⑧ あの世でもマグロが食べたい日本人。

漢字を書こう

15 マグロ大好き日本人

① 海の中をおよぎ回るマグロ。

② せかいの海でとったマグロ。

③ すいえい速《そく》度《ど》は魚の中で三番目。

④ マグロをきゅうそくれいとうする。

⑤ いそいで手をあらう。

⑥ すしをにぎるのがはやいロボット。

⑦ せいきの大発《はつ》明《めい》、マグロようしょく。

⑧ あのよでもマグロが食べたい日本人。

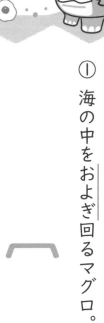

ミニ字てん

15 マグロ大好き日本人

急

音 キュウ
訓 いそぐ

プラス!
ク＋ヨ＋心＝急
急用、急速、大急ぎ

界

音 カイ
訓 ―

プラス!
田＋介＝界
世界、業界

泳

音 エイ
訓 およぐ

プラス!
泳力、遠泳、水泳、遊泳、平泳ぎ

速

音 ソク
訓 はやい

プラス!
束＋辶＝速
速度《そくど》、時速、高速道路《こうそくどうろ》

世

音 セ セイ
訓 よ

プラス!
書きじゅんに注意。はじめは艹のように書く。

「心」のある漢字《かんじ》には、「想、思、急、息、悪、意、感、悲」などがあるよ。

16 読みがなを書こう
和食は米とだし

① 日本の主食は米だ。

② お茶づけの薬味。

③ 昔《むかし》、わさびは薬だった。

④ だしを注(あ)いで、十秒(い)待《ま》つ。

あ（　　）　い（　　）

⑤ うまみの主なせい分はアミノさん。

⑥ おにぎりの注文にこたえる。

⑦ ウメ、サケなどの味を楽しむ。

⑧ 新作のおにぎりを味見する。

漢字を書こう

16 和食は米とだし

① 日本のしゅしょくは米だ。

〔　　〕

② お茶づけのやくみ。

〔　　〕

③ 昔《むかし》、わさびはくすりだった。

〔　　〕

④ だしを(あ)そそいで、(い)じゅうびょう待《ま》つ。

(あ)〔　　〕

(い)〔　　〕

⑤ うまみのおもなせい分はアミノさん。

〔　　〕

⑥ おにぎりのちゅうもんにこたえる。

〔　　〕

⑦ ウメ、サケなどのあじを楽しむ。

〔　　〕

⑧ 新作のおにぎりをあじみする。

〔　　〕

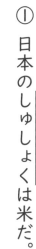

ミニ字てん

16 和食は米とだし

秒

音 ビョウ

訓 ―

プラス！

禾＋少＝秒

秒速《びょうそく》、秒読み、毎秒

注

音 チュウ

訓 そそぐ

プラス！

氵＋主＝注　そそぐ

亻＋主＝住　すむ

木＋主＝柱　はしら

主

音 シュ

訓 おも　ぬし

プラス！

主人、主人公、主食、主役《しゅやく》、地主、家主

「主」…ろうそくなどを立てて火をつける台で、火がもえている形からできた。あかりを守《まも》る者《もの》の意味《いみ》も表《あらわ》すよ。

薬

音 ヤク

訓 くすり

プラス！

艹＋楽＝薬

火薬、新薬、農薬《のうやく》、薬局《やっきょく》、薬品《やくひん》、目薬

味

音 ミ

訓 あじ　あじわう

プラス！

口＋未＝味

意味《いみ》、地味、味方、味見、後味、大味

読みがなを書こう

17 体によい食事 ①

① 山田君、食事《しょくじ》はバランスだよ。

（　　　）

② しっかり食べて、病気（あ）を予（い）ぼう。

あ（　　　）　い（　　　）

③ 君（あ）にぴったりの漢方（い）茶。

あ（　　　）　い（　　　）

④ 実はあぶら身《み》は体によい。

（　　　）

⑤ 野《や》さいビュッフェを予やくする。

（　　　）

⑥ クコの実を食べてアンチエイジング。

（　　　）

⑦ 病のときは、たまごがゆ。

（　　　）

⑧ ネギは漢字で「葱《ねぎ》」と書く。

（　　　）

漢字を書こう

17 体によい食事 ①

① 山田くん、食事《しょくじ》はバランスだよ。

② しっかり食べて、びょうきをよぼう。

③ きみにぴったりのかんぽう茶。

④ じつはあぶら身《み》は体によい。

⑤ 野《や》さいビュッフェをよやくする。

⑥ クコのみを食べてアンチエイジング。

⑦ やまいのときは、たまごがゆ。

⑧ ネギはかんじで「葱《ねぎ》」と書く。

ミニ字てん

17 体によい食事 ①

実

音 ジツ

訓 みのる
み

プラス！

宀＋三＋人＝実

口実、事実《じじつ》、実行、実体、実力、切実

君

音 クン

訓 きみ

プラス！

君主《くんしゅ》、名君、母君、君子あやうきに近よらず

漢

音 カン

訓 ―

プラス！

「漢字」とは、昔《むかし》の中国の漢という国の文字。

さんずい（氵）は、水を表《あらわ》すよ。

予

音 ヨ

訓 ―

プラス！

予感《よかん》、予言、予算、予習、予想《よそう》、予定《よてい》

病

音 ビョウ

訓 やまい

プラス！

急病《きゅうびょう》、病院《びょういん》、病気、病苦《びょうく》、病人、病は気から

読みがなを書こう

18 体によい食事 ②

① 食べすぎは体に悪い。

（　　）

② 消化(あ)によい物(い)を食べよう。

あ（　　）　い（　　）

③ ひじきで食物せんいをとる。

（　　）

④ 悪玉(あ)きんを消(い)すヨーグルト。

あ（　　）　い（　　）

⑤ ヘルシーな植物油。

（　　）

⑥ 緑茶はむし歯《ば》予《よ》ぼうになる。

（　　）

⑦ むらさきキャベツのしるは、緑色(あ)や赤色に化(い)けるぞ。

あ（　　）　い（　　）

漢字を書こう

18 体によい食事 ②

① 食べすぎは体にわるい。

② （あ）しょうかによい（い）ものを食べよう。

③ ひじきでしょくもつせんいをとる。

④ （あ）あくだまきんを（い）けすヨーグルト。

⑤ ヘルシーなしょくぶつゆ。

⑥ りょくちゃはむし歯《ば》予《よ》ぼうになる。

⑦ むらさきキャベツのしるは、（あ）みどりいろや赤色に（い）ばけるぞ。

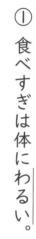

ミニ字てん

18 体によい食事 ②

消

音 ショウ

訓 けす　きえる

プラス！

消化…食べた物《もの》をこなす

消火…火を消す

化

音 カ

訓 ばける　ばかす

プラス！

化学、化石、進化《しんか》、文化、化けの皮《かわ》

悪

音 アク

訓 わるい

プラス！

悪意《あくい》、悪行、悪事《あくじ》、悪童《あくどう》、意地悪《いじわる》、悪者《わるもの》

緑

音 リョク

訓 みどり

プラス！

新緑、緑化、緑地、緑茶、黄緑色

物

音 ブツ　モツ

訓 もの

プラス！

食物（しょくもつ）

植物（しょくぶつ）

昔《むかし》は、緑色《みどりいろ》も「青」とよんでいたよ。だから、緑色なのに「青虫」「青リンゴ」などの言葉《ことば》があるね。

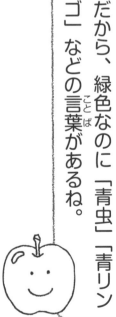

19 読みがなを書こう
うでのいいシェフ

① えいようバランスに気を配る。

② 運動と食事《しょくじ》が大切。

③ 食ざいを手配する。

④ 八百屋が野菜《やさい》を運ぶ。

⑤ 調理《ちょうり》を開始する。

⑥ 細かく手を動かしてかざり切り。

⑦ もりつけを始める。

⑧ 初物《はつもの》に出会えて運がいい。

漢字を書こう

19 うでのいいシェフ

① えいようバランスに気をくばる。

② うんどうと食事《しょくじ》が大切。

③ 食ざいをてはいする。

④ 八百屋が野菜《やさい》をはこぶ。

⑤ 調理《ちょうり》をかいしする。

⑥ 細かく手をうごかしてかざり切り。

⑦ もりつけをはじめる。

⑧ 初物《はつもの》に出会えてうんがいい。

ミニ字てん

19 うでのいいシェフ

「酉」は十二支《じゅうにし》のトリだよ。
十二支の漢字《かんじ》は「子《ね》丑《うし》寅《とら》卯《う》辰《たつ》巳《み》午《うま》未《ひつじ》申《さる》酉《とり》戌《いぬ》亥《い》」。
これらの漢字を使《つか》う言葉《ことば》に、「午前」「申す」「子ども」など
があるよ。

運

音 ウン
訓 はこ**ぶ**

プラス！
軍＋⻌＝運
運送、運転《うんてん》、運動、
海運、開運《かいうん》、命運《めいうん》

始

音 シ
訓 はじ**める** はじ**まる**

プラス！
女＋台＝始
開始、始業式《しぎょうしき》、始発《しはつ》

動

音 ドウ
訓 うご**く** うご**かす**

プラス！
重＋力＝動
活動、動作、動力

配

音 ハイ
訓 くば**る**

プラス！
酉はお酒《さけ》のタルの形

おまけ

いろんな調理の仕方

☆次の①～⑦は、調理《ちょうり》の仕方《しかた》を表《あらわ》す言葉《ことば》だよ。どんな調理かを、㋐～㋖からえらんで、（　）に記号《きごう》を書こう。

① 煮《に》る（　　）

② 焼《や》く（　　）

③ 蒸《む》す（　　）

④ 揚《あ》げる（　　）

⑤ 茹《ゆ》でる（　　）

⑥ 煎《い》る（　　）

⑦ 炊《た》く（　　）

㋐ お湯《ゆ》に入れて、火を通す。

㋑ 食物《しょくもつ》に水と調味《ちょうみ》りょうをくわえ、火にかけてねつを通す。

㋒ 米などを水といっしょに煮る。

㋓ じょう気をあててねっする。ふかす。

㋔ あつい油《あぶら》の中でねっする。

㋕ ざいりょうを火にかけて、動かしながら、水気がなくなるまでねっする。

㋖ 火をあてて、ねつを通す。

答え　①-㋑、②-㋖、③-㋓、④-㋔、⑤-㋐、⑥-㋕、⑦-㋒

読みがなを書こう

20 新せんなさしみ

① いけじめとは、魚をのう死（あ）させて血《ち》をぬき、せん度（い）をたもつやり方だ。

あ（　　）　い（　　）

② このわざを死ぬまでみがきつづける。

（　　）

③ もりあわせ、一丁上がり！

（　　）

④ 出身地ですきな魚がちがう。

（　　）

⑤ 赤身（あ）より白身（い）の魚を支持（う）する。

あ（　　）　い（　　）　う（　　）

⑥ 温度のかん理がとにかく大切。

（　　）

⑦ あざやかなほう丁さばき。

（　　）

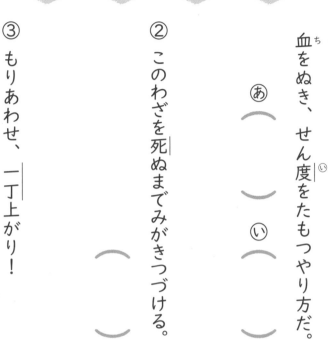

漢字を書こう

20 新せんなさしみ

① いけじめとは、魚をのうし㋐させて血《ち》をぬき、せんど㋑をたもつやり方だ。

㋐［　　］　㋑［　　］

② このわざをしぬまでみがきつづける。

［　　］

③ もりあわせ、いっちょう上がり!

［　　］

④ しゅっしんちですきな魚がちがう。

［　　］

⑤ あかみ㋐よりしろみ㋑の魚をしじ㋒する。

㋐［　　］　㋑［　　］　㋒［　　］

⑥ おんどのかん理がとにかく大切。

［　　］

⑦ あざやかなほうちょうさばき。

［　　］

ミニ字てん

20 新せんなさしみ

身

訓 み

音 シン

プラス！

にんぷさんの大きなおなかを横《よこ》から見た形。

持

訓 もつ

音 ジ

プラス！

扌＋寺＝持

持病《じびょう》、所持《しょじ》、気持ち

死

訓 しぬ

音 シ

プラス！

死去《しきょ》、死後、死語、死者《ししゃ》、死力、生死

「丁」はくぎの形からできた字。丁字路（ていじろ）が正しく、T《ティー》字路《じろ》はまちがいだよ。

度

訓 ―

音 ド

プラス！

温度《おんど》、今度、丁度、都度《つど》、度合い、度数

丁

訓 ―

音 チョウ

プラス！

くぎをうちこむことを「打」という。

21 読みがなを書こう

ヤッホー！山の旅

① 登山列車でチーズを食べる。

（　）

② 終点(あ)で、中央(い)アルプスをのぞみ、けしきに感動(う)する。

あ（　）　い（　）　う（　）

③ おにぎり持《も》って、山登り。

（　）

④ 行列(あ)の終(い)わりが見えない。

あ（　）　い（　）

⑤ 山のめぐみを感じつつ昼食。

（　）

⑥ 雪男が急《きゅう》に登場。

（　）

⑦ いやな予感が当たった。

（　）

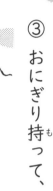

21 ヤッホー！山の旅

① とざんれっしゃでチーズを食べる。

〔　　〕

② （あ）しゅうてんで、（い）ちゅうおうアルプスをのぞみ、けしきに（う）かんどうする。

あ〔　　〕 い〔　　〕 う〔　　〕

③ おにぎり持《も》って、やまのぼり。

〔　　〕

④ （あ）ぎょうれつの（い）おわりが見えない。

あ〔　　〕 い〔　　〕

⑤ 山のめぐみをかんじつつ昼食。

〔　　〕

⑥ 雪男が急《きゅう》にとうじょう。

〔　　〕

⑦ いやなよかんが当たった。

〔　　〕

21 ミニ字てん ヤッホー！山の旅

終

音 シュウ

訓 おわる　おえる

プラス！

始終《しじゅう》、終止、終始、終日、終点、終着駅《しゅうちゃくえき》

感

音 カン

訓 —

プラス！

感心、感想《かんそう》、感動《かんどう》、直感、反感《はんかん》、予感《よかん》

央

音 オウ

訓 —

プラス！

人に首かせを付けた様子《ようす》からできた字。

列

音 レツ

訓 —

プラス！

部首《ぶしゅ》は、りっとう（刂）

登

音 トウ　ト

訓 のぼる

プラス！

癶＋豆＝登

登記、登校、登場、登用、うなぎ登り

へん　つくり

列

左右に分けられる漢字《かんじ》の左を「へん」、右を「つくり」というよ。

読みがなを書こう

22 味の決め手は？

①目玉やきにしょう油をかける。
（　　　）

②酒屋(あ)で日本酒(い)を買う。
あ（　　　）　い（　　　）

③みりんで味《あじ》を整える。
（　　　）

④調味(あ)りょう入れを整理(い)する。
あ（　　　）　い（　　　）

⑤酒かすでかすじるを作ろう。
（　　　）

⑥調理室からおいしそうなかおり。
（　　　）

⑦油(あ)とす、しおこしょうの分りょうを調(い)べて作ったドレッシング。
あ（　　　）　い（　　　）

漢字を書こう

22 味の決め手は？

① 目玉やきにしょうゆをかける。

② さかやでにほんしゅを買う。

③ みりんで味《あじ》をととのえる。

④ ちょうみりょう入れをせいりする。

⑤ さけかすでかすじるを作ろう。

⑥ ちょうりしつからおいしそうなかおり。

⑦ あぶらとす、しおこしょうの分りょうをしらべて作ったドレッシング。

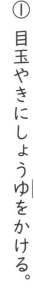

ミニ字てん 22 味の決め手は？

ごんべん（言）の漢字《かんじ》は、言葉《ことば》にかかわる字が多いね。
二年生で習《なら》ったのは「記、計、言、語、読、話」。
三年生では「詩、談、調」を習うよ。

整

音 セイ
訓 ととの**う**
ととの**える**

プラス！
束＋攵＋正＝整
整合、整数、整地、
整理、整列《せいれつ》、調整

酒

音 シュ
訓 さけ
*さか

プラス！
氵＋酉＝酒
酒気、日本酒、洋酒、
酒屋《さかや》、白酒、地酒

油

音 ユ
訓 あぶら

プラス！
氵＋由＝油
油絵、原油、石油、
油田、油を売る

調

音 チョウ
訓 しら**べる**

プラス！
言＋周＝調
強調、口調、新調、
調合、調子、調和《ちょうわ》

23 夏かぜを乗りこえる

① 鼻づまりで、味《あじ》が分からない。

（　　）

② ネギで鼻の通りをよくする。

（　　）

③ かぜの流行（あ）に負（い）けない。

あ（　　）　い（　　）

④ そのためには、食事が大切だ。

（　　）

⑤ 「医者いらず」と言われるりんご。

（　　）

⑥ コックとしての自負がある。

（　　）

⑦ 明日には、流（あ）しそうめんの用意《ようい》という大仕事（い）が待《ま》っている。

あ（　　）　い（　　）

漢字を書こう

23 夏かぜを乗りこえる

① はなづまりで、味《あじ》が分からない。

② ネギではなの通りをよくする。

③ かぜのりゅうこう(あ)にまけない(い)。

(あ)

(い)

④ そのためには、しょくじが大切だ。

⑤「いしゃいらず」と言われるりんご。

⑥ コックとしてのじふがある。

⑦ 明日には、ながしそうめん(あ)の用意《ようい》というおしごと(い)が待《ま》っている。

(あ)

(い)

ミニ字てん

23 夏かぜを乗りこえる

鼻

音 ー

訓 はな

プラス！

鼻先、鼻声、鼻血、鼻づまり、鼻水

事

音 ジ

訓 こと

プラス！

行事、食事、事実《じじつ》、仕事《しごと》、出来事、見事

医

音 イ

訓 ー

プラス！

医院《いいん》、医学、医局《いきょく》、医者《いしゃ》、医薬品《いやくひん》、名医

はこがまえ（匚）の漢字《かんじ》…区、匹、医など。
書きじゅんは、「一書いて、中身《なかみ》書いて、Lを書いておしまい」。

流

音 リュウ

訓 なが**れる**　なが**す**

プラス！

急流、電流、流行、流氷《りゅうひょう》、流水、流れ星

負

音 フ

訓 ま**ける**　ま**かす**　お**う**

プラス！

⺈＋目＋八＝負
自負、勝負、負い目

読みがなを書こう

24 ハッピーウエディング！

① 式場のレストラン。

② 美《うつく》しい所作で前菜《ぜんさい》をいただく。

③ 上品なフレンチのコース。

④ 客席にすわる。

⑤ 引《ひ》き出物《でもの》の品はこんぶだった。

⑥ せい服を着《き》たスタッフが配《はい》ぜん。

⑦ ひろうえんの場所は海のそば。

⑧ 見所はケーキ入刀。

漢字を書こう

24 ハッピーウエディング！

① しきじょうのレストラン。

② 美《うつく》しいしょさで前菜《ぜんさい》をいただく。

③ じょうひんなフレンチのコース。

④ きゃくせきにすわる。

⑤ 引《ひ》き出物《でもの》のしなはこんぶだった。

⑥ せいふくを着《き》たスタッフが配《はい》ぜん。

⑦ ひろうえんのばしょは海のそば。

⑧ みどころはケーキ入刀。

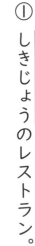

ミニ字てん

24 ハッピーウエディング！

所

音 ショ
訓 ところ

プラス！
近所、住所《じゅうしょ》、所持、
所有《しょゆう》、場所、台所

式

音 シキ
訓 —

プラス！
形式、公式、式場、
数式、入学式、
洋式、様式《ようしき》、和式《わしき》

客

音 キャク
訓 —

プラス！
宀＋各＝客
客員《きゃくいん》、客室、客車、
客人、乗客《じょうきゃく》、来客

部首《ぶしゅ》がつき（月）の漢字《かんじ》は「期、朝、有、望、服」などだよ。体にかかわるにくづき（月）は、形は同じだけどちがうものだよ。

服

音 フク
訓 —

プラス！
着服《ちゃくふく》、服用、服薬《ふくやく》、
冬服、洋服、和服《わふく》

品

音 ヒン
訓 しな

プラス！
作品、食品、新品、
手品、日用品、部品《ぶひん》

読みがなを書こう

25 レトロなレストラン

① 目じるしの信号から歩いて五分。

② 路地うらのレンガ作りの店。

③ 昭和レトロなレストラン。

④ 調和のとれた店内。

⑤ ト音記号のラテアート。

⑥ 画期的な新メニュー。

⑦ 期待通りの思い出の味《あじ》、ナポリタン。

⑧ 満足《まんぞく》して家路につく。

漢字を書こう

25 レトロなレストラン

① 目じるしのしんごうから歩いて五分。

② ろじうらのレンガ作りの店。

③ しょうわレトロなレストラン。

④ ちょうわのとれた店内。

⑤ ト音きごうのラテアート。

⑥ かっきてきな新メニュー。

⑦ きたい通りの思い出の味《あじ》、ナポリタン。

⑧ 満足《まんぞく》していえじにつく。

ミニ字てん

25 レトロなレストラン

昭

音 ショウ

訓 ―

プラス！

日＋刀＋口＝昭
昭和《しょうわ》六十四年
＝平成《へいせい》元年だよ。

号

音 ゴウ

訓 ―

プラス！

暗号《あんごう》、元号、号外、
等号、年号、番号

期

音 キ

訓 ―

プラス！

期日、期間、期待《きたい》、
新学期、定期《ていき》、予期《よき》

「和」には、日本という意味《いみ》があるね。昔《むかし》の日本を「大和《やまと》」と言っていたよ。

和

音 ワ

訓 ―

プラス！

平和《へいわ》、和音、和歌、
和紙、和室、和食

路

音 ロ

訓 じ

プラス！

通学路、道路、路地、
路上、路面《ろめん》、旅路《たびじ》

26 読みがなを書こう

夏のごちそう

① 暑気ばらいにビールを飲《の》む。

（　　　　）

② 夏の風物詩ⓐのスイカが転ⓘがる。

ⓐ（　　　　）

ⓘ（　　　　）

③ 大皿にたくさんの天ぷら。

（　　　　）

④ 暑い日にはひややっこ。

（　　　　）

⑤ 波止場の船の上でアイスをかじる。

（　　　　）

⑥ 波乗りサーファーが食べるやきそば。

（　　　　）

⑦ 夏祭《なつまつ》りで回転やきを食べる。

（　　　　）

今川やき、大ばんやきなど
いろんな言い方があるよ

26 夏のごちそう

① しょきばらいにビールを飲《の》む。

② 夏のふうぶつし(あ)のスイカがころがる(い)。

あ

い

③ おおざらにたくさんの天ぷら。

④ あつい日にはひややっこ。

⑤ はとばの船の上でアイスをかじる。

⑥ なみのりサーファーが食べるやきそば。

⑦ 夏祭《なつまつ》りでかいてんやきを食べる。

今川やき、大ばんやきなどいろんな言い方があるよ

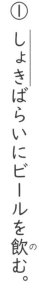

ミニ字てん

26 夏のごちそう

詩

訓 —

音 シ

プラス！

言＋寺＝詩
漢詩《かんし》、作詩、詩集《ししゅう》、
詩人、詩歌（しいか）

暑

訓 あつい

音 ショ

プラス！

日＋者＝暑
寒暑《かんしょ》、むし暑い

皿

訓 さら

音 —

プラス！

平たい皿の形から
できた字。

夏の食べ物《もの》と言えば、サイダー、きゅうり、ところてん、かき氷《ごおり》、そうめんなど、いろいろあるね。

波

訓 なみ

音 ハ

プラス！

寒波、電波、波長、
大波、高波、波風

転

訓 ころぶ ころがる

音 テン

プラス！

車＋二＋ム＝転
回転、自転車、転落《てんらく》

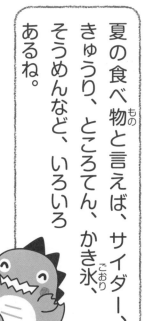

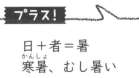

おまけ

レシピのまちがいさがし

はるまきのレシピ

農家から野《や》さいをもらったよ。
野さいを細く短く切ります。
肉に洒と調《ちょう》味《み》りょうをかけて、
味《あじ》をつけます。
肉と野さいをいためます。
できた貝をひやします。
うすい皮でつつみます。
油《あぶら》でこんがりあげて、できあがり。

☆ガブがはるまきのレシピを書いたよ。
でも、漢字《かんじ》をまちがえちゃったみたい。
まちがいを上のだんに書いて、下のだんに正しく書き直してね。

×					
○					

答え：農→農　短→短　洒→酒　貝→具　皮→皮（じゅんは、不同）

読みがなを書こう

27 きときと魚市場

①　川岸ぞいの魚市場は魚河岸《うおがし》。

②　対岸であがった魚。

③　岸(あ)に荷物(い)がとどく。

(あ)

(い)

④　りょうしの帰りを待つ。

⑤　せりの仕方《しかた》を学習する。

⑥　高く売れるのを期待する。

⑦　魚のさばき方を習う。

⑧　カニをむくのが人一倍速《はや》い。

漢字を書こう

27 きときと魚市場

① かわぎしぞいの魚市場は魚河岸《うおがし》。

② たいがんであがった魚。

③ (あ)きしに(い)もつがとどく。

(あ)

(い)

④ りょうしの帰りをまつ。

⑤ せりの仕方《しかた》をがくしゅうする。

⑥ 高く売れるのをきたいする。

⑦ 魚のさばき方をならう。

⑧ カニをむくのがひといちばい速《はや》い。

ミニ字てん

27 きときと魚市場

待

音 タイ

訓 まつ

プラス！

彳＋寺＝待

期待、待合室、

待ち人、待ちぶせ

習

音 シュウ

訓 ならう

プラス！

学習、実習、習字、

手洗い、見習う

岸

音 ガン

訓 きし

プラス！

海岸、湖岸、対岸の

火事、川岸、岸べ

習

ひな鳥が何回も羽ばたいて練習《れんしゅう》する意味《いみ》からできた字。

白は百を表《あらわ》しているのかな。

倍

音 バイ

訓 ―

プラス！

人一倍…「人より

いっそう」という意味《いみ》

荷

音 ―

訓 に

プラス！

艹＋何＝荷

重荷、荷車、荷台、

かたの荷が下りる

読みがなを書こう

28 しあいの前日

① かつどんを食べて、しあいに勝つ！

（　　）

② たくさん食べて、勝負にそなえる。

（　　）

③ ぎょうざの具（あ）を皮（い）でつつむ。

あ（　　）　い（　　）

④ 炭（あ）やきハンバーグを用意（い）。

あ（　　）　い（　　）

⑤ 炭さん水でかんぱい。

（　　）

⑥ 楽勝のはずだったのに…。

（　　）

⑦ 負けた理由《りゆう》を具体（あ）てきに考えることで、一皮（い）むけた。

あ（　　）　い（　　）

漢字を書こう

28 しあいの前日

①かつどんを食べて、しあいにかつ！

②たくさん食べて、しょうぶにそなえる。

③ぎょうざのぐ(あ)をかわ(い)でつつむ。

④すみ(あ)やきハンバーグをようい(い)。

⑤たんさん水でかんぱい。

⑥らくしょうのはずだったのに…。

⑦負けた理由《りゆう》をぐたいてき(あ)に考えることで、ひとかわ(い)むけた。

ミニ字てん

28 しあいの前日

勝

訓 かつ

音 ショウ

プラス！

決勝《けっしょう》、勝算、楽勝、勝ち気、勝手

具

訓 —

音 グ

プラス！

目＋一＋ハ＝具

家具、道具、遊具《ゆうぐ》

意

訓 —

音 イ

プラス！

音＋心＝意

意外、意見、意図、意味《いみ》、用意、注意《ちゅうい》

「勝」のまちがいあるある

勝 勝 勝

どこがまちがっているのかな？

皮

訓 かわ

音 ヒ

プラス！

けもののかわを手ではぎとる様子《ようす》。

炭

訓 すみ

音 タン

プラス！

山＋灰＝炭

石炭、木炭、消《け》し炭《ずみ》

読みがなを書こう

29 名物はだんご

① だんごが有名な寺院。

② しぶいお茶との相しょうがよい。

③ おぼうさんに人生相談もできる。

④ 町おこし委員会を立ち上げる。

⑤ 会長に進行を委ねる。

⑥ 新名物《しんめいぶつ》についての対談。

⑦ 放送局の取ざい《しゅ》。

⑧ 結局は、だんごが一番人気。

漢字を書こう

29 名物はだんご

① だんごが有名なじいん。

② しぶいお茶とのあいしょうがよい。

③ おぼうさんに人生そうだんもできる。

④ 町おこしいいんかいを立ち上げる。

⑤ 会長に進行をゆだねる。

⑥ 新名物《しんめいぶつ》についてのたいだん。

⑦ ほうそうきょくの取《しゅ》ざい。

⑧ けっきょくは、だんごが一番人気。

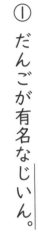

ミニ字てん

29 名物はだんご

局

音 キョク

訓 ―

プラス！

医局《いきょく》、局員《きょくいん》、局地、局長、薬局《やっきょく》、放送局《ほうそうきょく》

院

音 イン

訓 ―

プラス！

阝＋完＝院

通院、入院、病院《びょういん》

委

音 イ

訓 ゆだ**ねる**

プラス！

禾＋女＝委

委員長《いいんちょう》、委曲《いきょく》、委細、身《み》を委ねる

院

「かきねのあるたて物《もの》」という意味。学者の住《す》む家を書院《しょいん》、僧侶《そうりょ》（おぼうさん）の住む家を僧院《そういん》というよ。

談

音 ダン

訓 ―

プラス！

言＋炎＝談

会談、相談、対談《たいだん》、談話、筆談、面談《めんだん》

相

音 ソウ

訓 あい

プラス！

木＋目＝相

形相、真相《しんそう》、相当《そうとう》、手相、人相、相手

読みがなを書こう

30 静岡県（しずおかけん）の味

① 浜名《はまな》湖（あ）に、あみを投入（い）する。

あ（　　　）　い（　　　）

② 湖は食ざいのほう庫《こ》だ。

（　　　）

③ 魚市場に海のさちが大集合。

（　　　）

④ かきのどんぶりに人気が集まる。

（　　　）

⑤ 見事《みごと》なもりつけをカメラで写す。

（　　　）

⑥ ＳＮＳにのせる写真をえらぶ。

（　　　）

⑦ 真心のこもった地元の味《あじ》に感動《かんどう》。

（　　　）

⑧ あみの投げ方を練習《れんしゅう》する。

（　　　）

漢字を書こう

30 静岡県（しずおかけん）の味

① 浜名《はまな》こ㋐に、あみをとうにゅう㋑する。

㋐〔　　〕 ㋑〔　　〕

② みずうみは食ざいのほう庫《こ》だ。

〔　　〕

③ 魚市場に海のさちがだいしゅうごう。

〔　　〕

④ かきのどんぶりに人気があつまる。

〔　　〕

⑤ 見事《みごと》なもりつけをカメラでうつす。

〔　　〕

⑥ SNSにのせるしゃしんをえらぶ。

〔　　〕

⑦ まごころのこもった地元の味《あじ》に感動《かんどう》。

〔　　〕

⑧ あみのなげ方を練習《れんしゅう》する。

〔　　〕

ミニ字てん

30 静岡県（しずおかけん）の味

集

音 シュウ

訓 あつまる　あつめる

プラス！

隹＋木＝集

集会、集金、集合

写

音 シャ

訓 うつす

プラス！

冖＋与＝写

写真、写生、転写《てんしゃ》

湖

音 コ

訓 みずうみ

プラス！

氵＋古＋月＝湖

湖岸《こがん》、湖上、湖面《こめん》

投

音 トウ

訓 なげる

プラス！

扌＋殳＝投

投下、投球《とうきゅう》、投書

真

音 シン

訓 ま

プラス！

十＋目＋一＋ハ＝真

真実《しんじつ》、真相《しんそう》、真理

日本の湖《みずうみ》ベスト3

広さ　①琵琶湖《びわこ》　②霞ケ浦《かすみがうら》　③サロマ湖

深さ　①田沢湖《たざわ》　②支笏湖《しこつ》　③十和田湖《とわだ》

読みがなを書こう

31 自分で野菜を育ててみた

① 庭(あ)に畑(い)を作る。

あ（　　）い（　　）

② 田畑(あ)になえを植(い)える。

あ（　　）い（　　）

③ 植物がぐんぐん育《そだ》つ。

（　　）

④ 一生けん命にたがやす。

（　　）

⑤ 放しがいのにわとり。

（　　）

⑥ 命をいただく「いただきます」。

（　　）

⑦ 放課後に野《や》さいをしゅうかく。

（　　）

⑧ 庭園(あ)のように美《うつく》しい花畑(い)。

あ（　　）い（　　）

漢字を書こう

31 自分で野菜を育ててみた

① にわ(あ)にはたけ(い)を作る。

「でんぱた」ともいうよ

② たはた(あ)になえをうえる(い)。

③ しょくぶつがぐんぐん育《そだ》つ。

④ 一生けんめいにたがやす。

⑤ はなしがいのにわとり。

⑥ いのちをいただく「いただきます」。

⑦ ほうかごに野《や》さいをしゅうかく。

⑧ ていえん(あ)のように美《うつく》しいはなばたけ(い)。

ミニ字てん

31 自分で野菜を育ててみた

畑

音 —

訓 はたけ、はた

プラス！

⽕＋田＝畑

中国ではなく、日本で生まれた字だよ。

庭

音 テイ

訓 にわ

プラス！

家庭、石庭、庭園、庭球《ていきゅう》、中庭、庭先

植

音 ショク

訓 う**える**

プラス！

⽊＋直＝植

植物《しょくぶつ》、植木、田植え

「庭球《ていきゅう》」はテニス。「蹴球《しゅうきゅう》」はサッカー。では、「排球《はいきゅう》」と「籠球《ろうきゅう》」はそれぞれ何のスポーツかな？

命

音 メイ

訓 いのち

プラス！

運命《うんめい》、使命《しめい》、生命、命日、命名、命拾《いのちびろ》い

放

音 ホウ

訓 はな**す**、はな**れる**、はな**つ**、ほう**る**

プラス！

方＋攵＝放

開放《かいほう》、放心、放送《ほうそう》、手放す、放り出す

読みがなを書こう

32 世界のお客様との会食

① いろんな国の大使館に行く。

② 軽食と言えば、サンドイッチ。

③ 軽い食《しょっ》感《かん》のパンが人気。

④ ショートパスタは、短いパスタ。

⑤ 古《ふる》い館でティータイムを楽しむ。

⑥ 短時間の調《ちょう》理《り》でおもてなし。

⑦ 自国でなく、他国(あ)の食ざいを使(い)う。

(あ)

(い)

⑧ 他のお客《きゃく》様《さま》との会食も用《よう》意《い》する。

漢字を書こう

32 世界のお客様との会食

① いろんな国のたいしかんに行く。

〔　　　〕

② けいしょくと言えば、サンドイッチ。

〔　　　〕

③ かるい食感《しょっかん》のパンが人気。

〔　　　〕

④ ショートパスタは、みじかいパスタ。

〔　　　〕

⑤ 古《ふる》いやかたでティータイムを楽しむ。

〔　　　〕

⑥ たんじかんの調理《ちょうり》でおもてなし。

〔　　　〕

⑦ 自国でなく、たこくの食ざいをつかう。

あ〔　　　〕

い〔　　　〕

⑧ ほかのお客様《きゃくさま》との会食も用意《ようい》する。

〔　　　〕

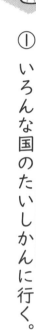

ミニ字てん

32 世界のお客様との会食

軽

音 ケイ

訓 かるい

プラス！

車＋圣＝軽

軽食、軽重、軽度《けいど》、気軽、手軽、身軽《みがる》

館

音 カン

訓 やかた

プラス！

食＋官＝館

体育館《たいいくかん》、本館、旅館《りょかん》

使

音 シ

訓 つかう

プラス！

行使、使者《ししゃ》、使命《しめい》、使用、大使、天使

しょくへん（食）の漢字《かんじ》は「飲、館、飯、飼」などがあるよ。うつわに食べ物《もの》をもり、それにふたをしている形からできた字だよ。

他

音 タ

訓 ほか

プラス！

その他、他国、他山の石、他人、他力

短

音 タン

訓 みじかい

プラス！

送りがなに注意《ちゅうい》！

短歌、短気、手短

読みがなを書こう

33 牛にゅうも野さいも農さん物

① 子牛を育み、育てる。

あ（　　）　い（　　）

② 今年は、子牛の発育がよい。

（　　）

③ 白ウドは、地下の暗室で育つ。

あ（　　）　い（　　）

④ スプラウトも暗い部屋《へや》で発芽《はつが》する。

（　　）

⑤ 室内《しつない》だと天気が問題にならない。

（　　）

⑥ 問屋が、メーカーから仕入《しい》れる。

（　　）

⑦ 商品があるかを問い合わせる。

あ（　　）　い（　　）

⑧ 大きさによる区別の仕方《しかた》を知る。

（　　）

漢字を書こう

33 牛にゅうも野さいも農さん物

① 子牛を<u>はぐくみ</u>(あ)、<u>そだてる</u>(い)。

あ〔　　〕　い〔　　〕

② 今年は、子牛の<u>はついく</u>がよい。

〔　　〕

③ 白ウドは、地下の<u>あんしつ</u>(あ)で<u>そだつ</u>(い)。

あ〔　　〕　い〔　　〕

④ スプラウトも<u>くらい</u>部屋《へや》で発芽《はつが》する。

〔　　〕

⑤ 室内《しつない》だと天気が<u>もんだい</u>にならない。

〔　　〕

⑥ <u>とんや</u>が、メーカーから仕入《しい》れる。

〔　　〕

⑦ <u>しょうひん</u>(あ)があるかを<u>とい</u>(い)合わせる。

あ〔　　〕　い〔　　〕

⑧ 大きさによる<u>くべつ</u>の仕方《しかた》を知る。

〔　　〕

ミニ字てん

33 牛にゅうも野さいも農さん物

問

音 モン

訓 とう、とい、*とん

プラス！

部首はくち（口）。
学問、問題、問屋《とんや》

暗

音 アン

訓 くらい

プラス！

暗記、暗号《あんごう》、暗算、
暗室、明暗、暗がり

育

音 イク

訓 そだつ、そだてる、はぐくむ

プラス！

育休、教育、体育、
知育、発育《はついく》、子育て

日本の区《く》で一番多いのは、東区、西区、南区、北区、中央《ちゅうおう》区のうちどれでしょう？調《しら》べてみてね。

区

音 ク

訓 ―

プラス！

区画、区切り、区長、
区分、区役所、地区

商

音 ショウ

訓 ―

プラス！

商業《しょうぎょう》、商社、商店、
商人、商売、商品《しょうひん》

読みがなを書こう

34 電車のたび、グルメガイド

① 群《ぐん》馬《ま》県《けん》の横川でグルメさがし。

（　　　）

② 駅べんの、にものが美味《びみ》。

（　　　）

③ 宿場町の名物《めいぶつ》店を見つける。

（　　　）

④ 横だん歩道近くのそば屋《や》に入る。

（　　　）

⑤ 温《おん》せん旅館のご当地グルメ。

（　　　）

⑥ 宿のフロントで住所《じゅうしょ》と名前を書く。

（　　　）

⑦ 旅のつかれを食事《しょくじ》と温せんでいやす。

（　　　）

⑧ グルメ旅行記㋐を発表㋑する。

㋐（　　　）

㋑（　　　）

漢字を書こう

34 電車のたび、グルメガイド

① 群《ぐん》馬《ま》県《けん》のよこかわでグルメさがし。

② えきべんの、にものが美味《びみ》。

③ しゅくばまちの名物店を見つける。

④ おうだん歩道近くのそば屋に入る。

⑤ 温《おん》せんりょかんのご当地グルメ。

⑥ やどのフロントで住所《じゅうしょ》と名前を書く。

⑦ たびのつかれを食事《しょくじ》と温せんでいやす。

⑧ グルメりょこうき㋐をはっぴょう㋑する。

㋐

㋑

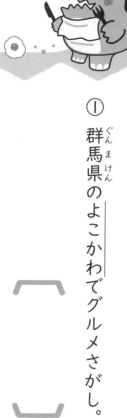

ミニ字てん

34 電車のたび、グルメガイド

旅

音 リョ
訓 たび

プラス!
旅館《りょかん》、旅行、旅路《たびじ》、旅立ち、旅人、船旅

駅

音 エキ
訓 —

プラス!
馬＋尺＝駅
駅員《えきいん》、駅長、駅前

横

音 オウ
訓 よこ

プラス!
木＋黄＝横
横着《おうちゃく》、横転《おうてん》、横取《よこど》り

「駅伝《えきでん》大会」は大正《たいしょう》時代《じだい》に日本で生まれたスポーツだよ。お正月の箱根《はこね》駅伝が有名だね。

発

音 ハツ
訓 —

プラス!
活発、出発、多発、発売、発表《はっぴょう》、発明

宿

音 シュク
訓 やど　やどる　やどす

プラス!
「宿題で百マス計算」とおぼえよう。

読みがなを書こう

35 本場でしゅぎょう

① シェフとしての向上を目指《めざ》す。（　　）

② 日本を去ると決心《けっしん》する。（　　）

③ 去年、海外の本場《ほんば》に向かった。 あ（　　） い（　　）

④ 理想のレストランではたらく。（　　）

⑤ 文章を読んで肉の切り方を学ぶ。（　　）

⑥ お客様《きゃくさま》にりょう理の感想を聞く。（　　）

⑦ 向かい風にも負《ま》けない向学心。 あ（　　） い（　　）

⑧ 家族への手紙で様子《ようす》を知らせる。（　　）

漢字を書こう

35 本場でしゅぎょう

① シェフとしてのこうじょうを目指《めざ》す。

② 日本をさると決心《けっしん》する。

③ ㋐きょねん、海外の本場《ほんば》に㋑むかった。

㋐

㋑

④ りそうのレストランではたらく。

⑤ ぶんしょうを読んで肉の切り方を学ぶ。

⑥ お客様《きゃくさま》にりょう理のかんそうを聞く。

⑦ ㋐むかい風にも負《ま》けない㋑こうがくしん。

㋐

㋑

⑧ かぞくへの手紙で様子《ようす》を知らせる。

ミニ字てん

35 本場でしゅぎょう

章

音 ショウ
訓 —

プラス！
立＋早＝章
記章、校章、文章

去

音 キョ　コ
訓 さる

プラス！
去年、去来、死去《しきょ》、
消去《しょうきょ》、走り去る

向

音 コウ
訓 むく　むける　むかう　むこう

プラス！
向学、向上、転向、
方向、顔向け、
向かい風

かたへん（方）の漢字《かんじ》は、「族、旅、旗」を学習するよ。三つとも、ふきながしをつけたはたざおの形が、かかわっているよ。

族

音 ゾク
訓 —

プラス！
一族、家族、血族《けつぞく》、
親族、水族館《すいぞくかん》、同族

想

音 ソウ
訓 —

プラス！
相＋心＝想
感想《かんそう》、空想、予想

読みがなを書こう

36 うれしいおくりもの

① 全国てきな人気のあるフルーツ。

（　　　）

② ダンボールで発送する。

（　　　）

③ 太陽（あ）の光をあびたみかんを送（い）る。

あ（　　　）　い（　　　）

④ 明日、東京都（あ）に着（い）く。

あ（　　　）　い（　　　）

⑤ 都合（あ）のよい時間が全（い）くない。

あ（　　　）　い（　　　）

⑥ しはらいは、着ばらいだ。

（　　　）

⑦ 着物（あ）を着（い）て、おせいぼをとどける。

あ（　　　）　い（　　　）

⑧ 都のおみやげをいただく。

（　　　）

漢字を書こう

36 うれしいおくりもの

① ぜんこくてきな人気のあるフルーツ。

〔　〕

② ダンボールではっそうする。

〔　〕

③ (あ)たいようの光をあびたみかんを(い)おくる。

(あ)〔　〕 (い)〔　〕

④ 明日、(あ)とうきょうとに(い)つく。

(あ)〔　〕 (い)〔　〕

⑤ (あ)つごうのよい時間が(い)まったくない。

(あ)〔　〕 (い)〔　〕

⑥ しはらいは、ちゃくばらいだ。

〔　〕

⑦ (あ)きものを(い)きて、おせいぼをとどける。

(あ)〔　〕 (い)〔　〕

⑧ みやこのおみやげをいただく。

〔　〕

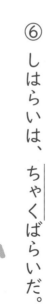

ミニ字てん

36 うれしいおくりもの

送

音 ソウ

訓 おくる

プラス!

運送《うんそう》、回送、送金、送電、発送《はっそう》、見送り

陽

音 ヨウ

訓 ―

プラス!
太陽、陽気、陽光
日の光の意味《いみ》。

全

音 ゼン

訓 まったく
すべて

プラス!

安全《あんぜん》、全員《ぜんいん》、全国、全体、全部《ぜんぶ》、全力

「世界《せかい》のすべての国の意味《いみ》を表《あらわ》す言葉《ことば》は、全国である。○か×か。」

答えは×。

世界のすべての国を表すのは「万国《ばんこく》」。

着

音 チャク

訓 つく
つける
きる
きせる

プラス!

着地、着目、定着《ていちゃく》、上着、落《お》ち着く

都

音 ト・ツ

訓 みやこ

プラス!

京都、首都、都合、都度《つど》、都会、都市

読みがなを書こう

37 みんなで遠足

① つくしは漢字《かんじ》で土に筆と書く。

（　　　）

② 児童会でつくしをつむ。

（　　　）

③ 笛(あ)ラムネをふいて遊(い)ぶ。

(あ)（　　　）
(い)（　　　）

④ 汽笛のような音が楽しい。

（　　　）

⑤ 遊園地でデザートをえらぶ。

（　　　）

⑥ メニュー表(あ)の表(い)を見る。

(あ)（　　　）
(い)（　　　）

⑦ 筆算で代金《だいきん》を計算する。

（　　　）

⑧ おいしさをえがおで表す。

（　　　）

漢字を書こう

37 みんなで遠足

① つくしは漢字《かんじ》で土にふでと書く。

② じどうかいでつくしをつむ。

③ (あ)ふえラムネをふいて(い)あそぶ。

④ きてきのような音が楽しい。

⑤ ゆうえんちでデザートをえらぶ。

⑥ メニュー(あ)ひょうの(い)おもてを見る。

⑦ ひっさんで代金《だいきん》を計算する。

⑧ おいしさをえがおであらわす。

ミニ字てん

37 みんなで遠足

笛

訓 ふえ

音 テキ

プラス！

⺮＋由＝笛

汽笛、草笛、口笛、角笛、笛ふき、横笛《よこぶえ》

童

訓 —

音 ドウ

プラス！

悪童《あくどう》、学童、童歌、童顔、童心、童話

筆

訓 ふで

音 ヒツ

プラス！

⺮＋聿＝筆

筆記、筆者《ひっしゃ》、筆算

表

訓 おもて あらわ**す** あらわ**れる**

音 ヒョウ

プラス！

衣（ころも）と毛を組み合わせてできた字。

遊

訓 あそ**ぶ**

音 ユウ

プラス！

外遊、遊具《ゆうぐ》、遊泳《ゆうえい》、遊歩道、水遊び

ペンやえんぴつのことを筆記用具《ひっきようぐ》、その入れ物《もの》のことを筆箱《ふでばこ》と言うね。筆を使《つか》っていないのに、どうしてかな？

読みがなを書こう

38 京都でおまいり

① 八坂神社近くの人気のさばずし。
（　　　）

② もう売り切れました。申しわけない。
（　　　）

③ 日本の神話㋐に出てくる、こく物《もつ》などの食物の神様㋑。
㋐（　　　）　㋑（　　　）

④ ゆたかな実《みの》りにお礼㋐を申㋑し上げる。
㋐（　　　）　㋑（　　　）

⑤ 行事食《ぎょうじしょく》は「食べるお守り」だ。
（　　　）

⑥ 守えいさんに近くの名店を聞く。
（　　　）

⑦ 坂道を下って田楽を食べる。
（　　　）

漢字を書こう

38 京都でおまいり

① やさかじんじゃ近くの人気のさばずし。

〔　　〕

② もう売り切れました。もうしわけない。

〔　　〕〔　　〕

③ 日本のしんわ㋐に出てくる、こく物《もつ》などの食物のかみさま㋑。

㋐〔　　〕　㋑〔　　〕

④ ゆたかな実《みの》りにおれい㋐をもうし上㋑げる。

㋐〔　　〕　㋑〔　　〕

⑤ 行《ぎょう》事《じ》食《しょく》は「食べるおまもり」だ。

〔　　〕

⑥ しゅえいさんに近くの名店を聞く。

〔　　〕

⑦ さかみちを下って田楽を食べる。

〔　　〕

ミニ字てん

38 京都でおまいり

礼

訓 —

音 レイ

プラス！

ネ＋し＝礼

朝礼、返礼《へんれい》、礼金

神

訓 かみ

音 シン ジン

プラス！

ネ＋申＝神

神主《かんぬし》、心神、神社、

神童《しんどう》、神父、多神教

坂

訓 さか

音 —

プラス！

ţ＋反＝坂

下り坂、上り坂

昔《むかし》、いなずまは「神」様のすがただと考えられていたんだ。

「申《しん》」は、そんないなずまの形からできた字だよ。

守

訓 まもる

音 シュ

プラス！

宀＋寸＝守

死守《ししゅ》、お守り、見守る

申

訓 もうす

音 —

プラス！

申し聞《き》き、申しこむ、

申し出る、申し分

読みがなを書こう

39 新商品開発　がんばるぞ

① 生活をささえる第一次《いちじ》さん業。（あ：第・い：業）

あ（　　）　い（　　）

② 係が品しつをチェックする。

（　　）

③ コンビニの新商品《しんしょうひん》を研究する。

（　　）

④ 究きょくのコンビニスイーツ。

（　　）

⑤ コンビニは、第三次さん業だ。（あ：第・い：業）

あ（　　）　い（　　）

⑥ 業界をさわがせた新作おにぎり。

（　　）

⑦ かん係する分野とコラボで大人気。

（　　）

⑧ 第六次さん業がブーム。（あ：第・い：業）

あ（　　）　い（　　）

漢字を書こう

39 新商品開発　がんばるぞ

① 生活をささえるだい一次《いちじ》さんぎょう。

あ〔　　〕　い〔　　〕

② かかりが品しつをチェックする。

〔　　〕

③ コンビニの新商品《しんしょうひん》をけんきゅうする。

〔　　〕

④ きゅうきょくのコンビニスイーツ。

〔　　〕

⑤ コンビニは、だい三次さんぎょうだ。

あ〔　　〕　い〔　　〕

⑥ ぎょうかいをさわがせた新作おにぎり。

〔　　〕

⑦ かんけいする分野とコラボで大人気。

〔　　〕

⑧ だい六次さんぎょうがブーム。

あ〔　　〕　い〔　　〕

ミニ字てん

39 新商品開発　がんばるぞ

研

音 ケン

訓 ―

プラス！

はものを石でとぎ、整《ととの》える意味《いみ》を表《あらわ》す。

業

音 ギョウ

訓 ―

プラス！

楽きのかねをかける木の台の形。

第

音 ダイ

訓 ―

プラス！

第一線、第三者《だいさんしゃ》、第六感、落第《らくだい》

係

音 ケイ

訓 かかり　かかる

プラス！

人のつながり、人と仕事《しごと》のつながりの意味。

究

音 キュウ

訓 ―

プラス！

あなの中をてっていてきに調べることを表す字。

「究」の部首《ぶしゅ》は、あなかんむり（穴）。ほかには「空」があるよ。うかんむり（宀）とまちがえやすいので、気をつけてね。

読みがなを書こう

40 持続可能な世の中に（SDGs）

① 先進てきな農業。

② 次世代の食べ物《もの》を作りたい。

③ 代わりの食品《しょくひん》を用意《ようい》する。

④ 研究《けんきゅう》を進める。

⑤ 悲しいしっぱいにもくじけない。

⑥ 次の一手を考える。

⑦ みんなの悲がんをかなえる。

⑧ フードロスのない時代を作ろう。

漢字を書こう

40 持続可能な世の中に（SDGs）

① せんしんてきな農業。
〔　　〕

② じせだいの食べ物《もの》を作りたい。
〔　　〕

③ かわりの食品《しょくひん》を用意《ようい》する。
〔　　〕

④ 研究《けんきゅう》をすすめる。
〔　　〕

⑤ かなしいしっぱいにもくじけない。
〔　　〕

⑥ つぎの一手を考える。
〔　　〕

⑦ みんなのひがんをかなえる。
〔　　〕

⑧ フードロスのないじだいを作ろう。
〔　　〕

40 ミニ字てん

持続可能な世の中に（SDGs）

進

音 シン

訓 すすむ　すすめる

プラス！

行進、進化《しんか》、進学、
進級、進歩、発進《はっしん》

次

音 ジ

訓 つぎ　つぐ

プラス！

部首《ぶしゅ》は欠（あくび）
次回、目次、相次《あいつ》ぐ

悲

音 ヒ

訓 かなしい　かなしむ

プラス！

非＋心＝悲　非はひ定《てい》。心をひ定されると「悲しく」なる。

代

音 ダイ　タイ

訓 かわる　かえる　よ

プラス！

交代、時代、世代《せだい》、
代理、代わり、千代紙

「運、進、送、速、追、返、遊」を三年生で習《なら》うよ。これらの部首は、しんにょう（⻌）と言うよ。道や歩くことにかかわる漢字《かんじ》が多いね。

読みがなを書こう

41 有名になったシェフ

① 「シェフ」はフランス語が由来。

② あらゆるりょう理を勉強する。

③ わか者がこのむ味《あじ》は、これだ。

④ 感受せいゆたかなりょう理。

⑤ 人気役者がロケに来た。

⑥ 自由なアイデアメニュー。

⑦ しつ問を受㋐けて、理由㋑を答える。

㋐

㋑

⑧ 役に立つレシピ本を出す。

漢字を書こう

41 有名になったシェフ

① 「シェフ」はフランス語がゆらい。

② あらゆるりょう理をべんきょうする。

③ わかものがこのむ味《あじ》は、これだ。

④ かんじゅせいゆたかなりょう理。

⑤ 人気やくしゃがロケに来た。

⑥ じゆうなアイデアメニュー。

⑦ しつ問をうけて（あ）、りゆう（い）を答える。

⑧ やくに立つレシピ本を出す。

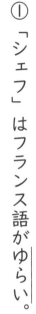

ミニ字てん

41 有名になったシェフ

者

音 シャ
訓 もの

プラス!
物…品物《しなもの》に使《つか》う。
者…人に使う。

勉

音 ベン
訓 ―

プラス!
勉強…ねだんを安くして売る意味も。

由

音 ユウ ユ
訓 ―

プラス!
首の細い酒《さか》つぼの形からできた字。

役

音 ヤク
訓 ―

プラス!
彳＋殳＝役
上役、主役《しゅやく》、役者《やくしゃ》、役所《やくしょ》、役人、役目

受

音 ジュ
訓 うける うかる

プラス!
ノ＋ツ＋冖＋又＝受
受注《じゅちゅう》、受動《じゅどう》、受《う》け身《み》

「役」のつくりはるまた（殳）だよ。やりににた、ほこという、ぶきの意味《いみ》だよ。
「投」も同じつくりだね。

学力の基礎をきたえどの子も伸ばす研究会

HPアドレス　http://gakuryoku.info/

常任委員長　岸本ひとみ
事務局　〒675-0032 加古川市加古川町備後178-1-2-102 岸本ひとみ方　☎・Fax 0794-26-5133

① めざすもの

私たちは、すべての子どもたちが、日本国憲法と子どもの権利条約の精神に基づき、確かな学力の形成を通して豊かな人格の発達が保障され、民主平和の日本の主権者として成長することを願っています。しかし、発達の基盤ともいうべき学力の基礎を鍛えられないまま落ちこぼれている子どもたちが普遍化し、「荒れ」の情況があちこちで出てきています。

私たちは、「見える学力、見えない学力」を共に養うこと、すなわち、基礎の学習をやり遂げさせることと、読書やいろいろな体験を積むことを通して、子どもたちが「自信と誇りとやる気」を持てるようになると考えています。

私たちは、人格の発達が歪められている情況の中で、それを克服し、子どもたちが豊かに成長するような実践に挑戦します。

そのために、つぎのような研究と活動を進めていきます。

① 「読み・書き・計算」を基軸とした学力の基礎をきたえる実践の創造と普及。
② 豊かで確かな学力づくりと子どもを励ます指導と評価の探究。
③ 特別な力量や経験がなくても、その気になれば「いつでも・どこでも・だれでも」ができる実践の普及。
④ 子どもの発達を軸とした父母・国民・他の民間教育団体との協力、共同。

私たちの実践が、大多数の教職員や父母・国民の方々に支持され、大きな教育運動になるよう地道な努力を継続していきます。

② 会　　員

- 本会の「めざすもの」を認め、会費を納入する人は、会員になることができる。
- 会費は、年4000円とし、7月末までに納入すること。①または②

①郵便振替　口座番号　00920-9-319769
名　　称　学力の基礎をきたえどの子も伸ばす研究会

②ゆうちょ銀行
店番099　店名○九九《ゼロキュウキュウ》店　当座0319769

- 特典　研究会をする場合、講師派遣の補助を受けることができる。
  大会参加費の割引を受けることができる。
  学力研ニュース、研究会などの案内を無料で送付してもらうことができる。
  自分の実践を学力研ニュースなどに発表することができる。
  研究の部会を作り、会場費などの補助を受けることができる。
  地域サークルを作り、会場費の補助を受けることができる。

③ 活　　動

全国家庭塾連絡会と協力して以下の活動を行う。

- 全国大会　全国の研究、実践の交流、深化をはかる場とし、年１回開催する。通常、夏に行う。
- 地域別集会　地域の研究、実践の交流、深化をはかる場とし、年１回開催する。
- 合宿研究会　研究、実践をさらに深化するために行う。
- 地域サークル　日常の研究、実践の交流、深化の場であり、本会の基本活動である。
  可能な限り月１回の月例会を行う。
- 全国キャラバン　地域の要請に基づいて講師派遣をする。

全国家庭塾連絡会

① めざすもの

私たちは、日本国憲法と教育基本法の精神に基づき、すべての子どもたちが確かな学力と豊かな人格を身につけて、わが国の主権者として成長することを願っています。しかし、わが子も含めて、能力があるにもかかわらず、必要な学力が身につかないままになっている子どもたちがたくさんいることに心を痛めています。

私たちは学力研が追究している教育活動に学びながら、「全国家庭塾連絡会」を結成しました。

この会は、わが子に家庭学習の習慣化を促すことを主な活動内容とする家庭塾運動の交流と普及を目的としています。

私たちの試みが、多くの父母や教職員、市民の方々に支持され、地域に根ざした大きな運動になるよう学力研と連携しながら努力を継続していきます。

② 会　　員

本会の「めざすもの」を認め、会費を納入する人は会員になれる。
会費は年額1500円とし（団体加入は年額3000円）、8月末までに納入する。
会員は会報や連絡交流会の案内、学力研集会の情報などをもらえる。

事務局　〒564-0041 大阪府吹田市泉町4-29-13 影浦邦子方　☎・Fax 06-6380-0420
郵便振替　口座番号　00900-1-109969　　名称　全国家庭塾連絡会

漢字とイメージがむすびつく！　たべもの漢字ドリル　小学３年生

2022年３月10日　発行
●著者／鈴木 基久
●発行者／面屋 尚志
●発行所／フォーラム・A
〒530-0056 大阪市北区兎我野町15-13-305
TEL／06-6365-5606　FAX／06-6365-5607
振替／00970-3-127184

●印刷／尼崎印刷株式会社
●製本／株式会社高廣製本
●デザイン／美濃企画株式会社
株式会社髙木新盛堂
●制作担当編集／樫内 真名生
●企画／清風堂書店
●HP／http://foruma.co.jp/
※乱丁・落丁本はおとりかえいたします。